AF332774

~ UN DE NOUS ~

"POUR TOI"

BIBLE ROUGE

« Ils veulent être libres et ils
« ne savent pas être justes ».

SIEGÈS.

0 fr. 50

Éditions du Groupe " sans iste ", 26, Rue de Tanger — ALGER

HIER

CHAPITRE 1

1. Au commencement de tous ses cris l'homme trouva la Faim.

2. Insolente et cruelle elle chantait :

3. « Tu me donneras toutes tes pensées, tous tes
   « plaisirs, tous tes efforts.

4. « Tes jours m'appartiennent. Tu me retrou-
   « veras dans ton sommeil et dès ton réveil
   « je serai devant toi fixe comme un soleil.

5. « Ton ventre est mon empire. Il domptera
   « ton intelligence orgueilleuse, éteindra les
   « flammes de ton génie et creusera dans
   « ton cœur un trou immense où bouillon-
   « nera ton désespoir.

6. « Ne me crois jamais satisfaite, ni morte.

7. « Ne crois rien de tes rêves ni de l'oubli qui
   « viennent te chanter leurs berceuses. Je
   « reste devant tes yeux épouvantés, moi la
   « Faim, et je suis la seule vérité définitive.

CHAPITRE 2

1. « *Des sanglots plein la poitrine et des larmes*
   « *de rage plein les yeux, tu chanteras ma loi.*

2. « *Tu me dresseras d'immenses arceaux de*
   « *fleurs sans parfum, de mots sans signifi-*
   « *cation, d'espoirs sans réalité.*

3. « *Tu feras de la Nécessité ton Code de Bon-*
   « *heur. Tu magnifieras les efforts manuels,*
   « *tu glorifieras les Sueurs fétides, tu poéti-*
   « *seras les lassitudes. Et ton pain sera aussi*
   « *noir que la boue.*

4. « *Ma victoire ne sera jamais terminée. Elle*
   « *ira des heures de ton berceau à celles de*
   « *ta tombe et j'arracherai mes succès dans*
   « *ta chair pantelante.*

5. « *Aussi bas que tu te cacheras je descendrai.*
   « *J'irai te chercher aussi haut que tu mon-*
   « *teras.*

6. « *Tu chercheras à me tromper en m'offrant*
   « *des images divines. Mais ces images res-*
   « *teront sans vie. Devant elles et avant elles*
   « *tu me trouveras fixe comme un soleil.*

7. « *Au commencement de tous ses cris l'hom-*
   « *me trouva la Faim.* »

CHAPITRE 3

1. *Pour apaiser la Faim qui grondait dans ses entrailles l'homme eut le Meurtre.*

2. *Le premier meurtre fut « divin ». Il était implacablement nécessaire.*

3. *Il préparait les routes futures aux humanités impatientes qui attendaient dans le silence de l'Avenir.*

4. *Comment Demain serait-il né si les premiers hommes n'avaient pas vécu ? Comment pouvaient-ils vivre sans tuer ?*

5. *Le premier meurtre fut de la vie en suspens. L'homme l'accomplissait sans haine, sans colère ni calcul. Le cri du ventre était un instinct ; l'intelligence est une habitude. Le premier Meurtre fut divin...*

6. *L'homme y trouva la signification « du paradis perdu ». Et puis aussi la rude tendresse de la destruction qui n'a besoin ni de « pourquoi » ni de « comment ».*

7. *Le premier Meurtre fut divin. Il devint logique dès qu'il posa la première pierre de la loi.*

CHAPITRE 4

1. *Silencieuses, des cascades de siècles tombaient dans l'oubli. La faim satisfaite de l'obéissance de l'homme, lui ouvrit de nouvelles portes sur les Efforts.*

2. *L'expérience fit le souvenir. Et dès qu'il sut se rappeler confusément son passé, l'homme aperçut les premières clartés de Demain, et son intelligence s'éveilla.*

3. *Dès qu'il sut se souvenir, l'homme amoncela. L'économie fut d'abord de la crainte : elle devint vite de l'égoïsme.*

4. *L'homme ayant amoncelé eut peur pour son trésor. Ds qu'il eut peur : il s'arma.*

5. *Et d'autres hommes, inombrables, firent de même.*

6. *Le sommeil fut moins profond. Les heures du jour moins sûres. L'homme commença par se voler lui-même.*

7. *Et comme il se tenait constamment en état de défense, avant même d'être attaqué, il arriva qu'il créa les agresseurs.*

CHAPITRE 5

1. *Le Meurtre ayant assuré des jours à venir créa la Propriété.*

2. *La hache qui avait tué la bête devint alors une arme plus menaçante pour l'homme.*

3. *La hache fut la première loi que rencontrèrent les faibles, les malades et les malchanceux.*

4. *Elle était constamment devant les supplications, les larmes, et repoussait les cris des entrailles affamées.*

5. *La Haine naquit. Elle garda les souvenirs des misères. L'homme au — ventre — vide y creusa des rêves de revanche : Son désespoir ne les combla jamais.*

6. *La haine est moins forte que la hache. Elle s'y brisa comme le verre.*

7. *Et de ses morceaux qu'ils ramassèrent soigneusement, les hommes-qui-n'avaient-plus-faim tressèrent des cordes solides pour ligotter et Misères, et Miséreux, et Misérables.*

CHAPITRE 6

1. Silencieuses, des cascades de siècles tombaient dans l'oubli.

2. La sélection entre les hommes qui mangeaient et ceux qui avaient faim était faite. Et cette sélection ayant créé « l'Ordre » sur la terre, les hommes qui avaient faim levèrent les yeux au ciel.

3. Mais le ciel fut indifférent à leurs regards. Alors les hommes malheureux qui n'avaient rien à donner au ciel lui offrirent leur ignorance et leurs désirs.

4. Et le ciel se mit à briller au-dessus de leurs têtes, et ses clartés étaient celles que les hommes malheureux y avaient mis.
Et les hommes heureux — ceux de l'ordre —
Dirent : « C'est bien ».

5. « Qu'ils pensent au ciel ! Ils ne songeront pas « à « voler ».
Ils ajoutèrent :

6. « Il est des espoirs magnifiques dans l'au de-
« là, et des mots splendides sur terre : Sa-
« crifice, Honneur, Devoir.

7. « Que les cantiques des hommes malheureux
« s'élèvent vers les cieux qu'ils ont peuplé,
« quand il vaudra quelque chose nous le vo-
« leront comme nous avons volé la terre.

CHAPITRE 7

1. *Et les hommes de l'Ordre firent comme ils avaient dit. Le mensonge était d'autant plus facile que les hommes malheureux se mentaient à eux-mêmes. ...*

2. *Et l'Ignorance vint se mettre au service des hommes de l'Ordre. Elle reçut leurs ordres et partit consoler les désespoirs.*

3. *La Vérité faisait Peur. Les hommes qui avaient faim ne pouvaient regarder sa face sévère. Ils fermaient, devant elle, leurs yeux exténués.*

4. *Et la Vérité se tenait derrière eux. elle projetait ses clartés devant eux ; ils ne la voyaient pas.*

5. *En vain elle élevait sa voix au-dessus de leurs prières ; ils ne l'entendaient pas ;*

6. *En vain elle multipliait les foyers de lumière : les hommes malheureux restaient dans l'ombre.*

7. *Dès qu'elle pouvait s'avancer vers eux, son visage sévère effrayait. Les hommes malheureux, inquiets, disaient : « Quelle est donc cette étrangère ? », et ils se liguaient contre elle pour la contraindre à reculer.*

CHAPITRE 8

1. *Un irrémissible oubli s'étendait sur les siècles qui disparaissaient.*

2. *L'homme se reconnaissait au sang de son visage et de ses mains, à ses membres tordus par le travail, à ses yeux brûlés par les veilles et les larmes.*

3. *Un archange terrible : l'HABITUDE, descendu du ciel où les hommes malheureux l'avaient placé : — à la droite de Dieu le père, — barrait les routes d'hier en même temps qu'il menaçait celles de Demain.*

4. *La misère des hommes malheureux que les hommes qui-n'avaient-plus-faim appelaient du « Travail » édifiait des maisons, traçait des villes, perçait des routes, comblait des précipices. Et les hommes malheureux qui demeuraient ailleurs, se perdaient dans un labyrinthe qu'ils avaient eux-mêmes tracé.*

5. *Ils demandaient au Présent : « Qui es-tu ? » et l'Avenir répondait : « Que t'importe ? »*

6. *Et les hommes malheureux cherchaient l'oubli,*

7. *dans des sens qui se payaient de témoins que les hommes malheureux laissaient dans leurs misères.*

CHAPITRE 9

1. *Et les hommes malheureux qui ont besoin d'être trompés parce qu'ils se trompent eux-mêmes, écoutaient la chanson des sens.*

2. *Et les hommes de l'Ordre dirent: «C'est bien».*

3. *« Que leur intelligence soit dominée par la « chair. Croissez et multipliez, ainsi s'agran- « diront les limites des misères ;*

4. *« Que les désirs de libertés soient : L'accou- « plement les brisera.*

5. *« Car les bêtes qui obéissent à l'instinct ne se « préoccupent pas d'autre chose. Que la « procréation soit un « Devoir ».*

6. *« Les forces physiques et les résistances mo- « rales diminueront. Qu'ils aient beaucoup « d'enfants : ils auront beaucoup de « de- « voirs » et moins de « Droits » à exprimer.*

7. *« Augmenter les égoïsmes en diminuant les « ressources facilite la garde des richesses « et les augmente de plus en plus.*

CHAPITRE 10

*1. Quand les villes furent alignées près des vil-
les, les rêves près des espoirs et les misères
devant les richesses ;*

*2. Les mots augmentèrent de plus en plus. Les
uns hâves et chétifs comme les hommes-qui-
avaient-faim, les autres orgueilleux, super-
bes et brutaux comme les hommes de l'ordre.*

*3. Les mots avaient leur classe : les uns entraî-
neurs, d'autres ralentisseurs, le plus grand
nombre faisait l'office de freins. Et les hommes malheureux se trouvèrent perdus dans
la ville des mots comme ils étaient perdus
dans la ville du Travail.*

4. Et les hommes de l'ordre expliquèrent...

5. Les dieux furent moins utiles.

*6. Les mots servaient à créer de belles images
que les hommes malheureux plaçaient dans
les feuillets de leurs espoirs.*

*7. Il y eut d'abord les mots nobles qui avaient
l'appui de la Loi, et les mots « misérables »
que la Prison gardait nuit et jour.*

CHAPITRE 11

1. *Mais quelques hommes malheureux n'avaient pas compris les mots.*

2. *Quand les hommes heureux disaient : « Le devoir est d'obéir », ils restaient immobiles.*

3. *Quand les hommes heureux disaient : « Le Travail est une noblesse », ils courbaient la tête avec accablement et montraient leurs membres rongés par les efforts.*

4. *Quand les hommes heureux disaient : « Votre royaume n'est pas de ce monde », ils se souvenaient des taudis infects où ils vivaient.*

5. *Quand les hommes heureux disaient : « La loi est l'expression de la volonté de tous », ils se regardaient, surpris, sachant que pas un d'entre eux n'avait écrit de loi.*

6. *Quand les hommes heureux disaient : « Donner aux pauvres c'est prêter à Dieu », ils se demandaient pourquoi Dieu levait des emprunts sur leur misère.*

7. *Quand les hommes heureux disaient : « Discipline », ils sentaient qu'ils étaient des lâches et que leur obéissance n'était que de la Peur.*

CHAPITRE 12

1. *Et les hommes malheureux qui n'avaient pas compris les Mots se mirent à réfléchir.*

2. Le Travail n'était pas le Salut. Depuis des siècles il avait servi les Forts, les Puissants, les Empereurs, les Rois, les Républiques et leurs représentants, mais ceux-là n'avaient jamais servi le Travail.

3. Pris entre l'imposture des mots qui le trahissaient et les conditions économiques qui le broyaient, l'homme malheureux songea à se débarrasser des uns et des autres.

4. Il tenta de nombreux efforts. Mais il avait contre lui L'Education et l'Habitude, gardées toutes deux par la Loi.

5. Les premiers hommes qui tentèrent de se révolter furent des marins perdus sur une mer déchaînée.

6. Ils n'avaient ni boussole, ni carte, ni sonde, et la nuit les enveloppa pour toujours.

7. Pendant que d'autres hommes malheureux, angoissés, attendaient leur retour, et n'espéraient plus rien.

CHAPITRE 13

1. *Alors, ceux qui attendaient dirent : « Que faut-il faire ? » Et un pesant silence descendait sur la question des hommes en révolte.*

2. *Les besoins despotiques — et faux — les nécessités cruelles .. et inutiles, — l'orgueilleux machinisme, l'épouvantable industrialisme, les Prisons, les Casernes, les Temples, l'Art hypocrite, la Science prostituée, tout cela encadré de soldats, de juges, de riches, de crâneurs et de Putains, tout cela se dressa contre la méditation des hommes en révolte.*

3. *Hier ; c'était le cadavre qu'il fallait jeter dans l'oubli.*

4. *Hier, c'était des heures sans vie qui avaient mangé leurs espoirs.*

5. *Hier, c'était l'autel lugubre où s'agenouillait le triste aujourd'hui.*

6. *Et les hommes en révolte sentaient bien que pour renverser et détruire la forteresse d'Hier il fallait commencer d'abord ;*

7. *Par ne plus en consolider ni en défendre ce qui devait disparaître.*

AUJOURD'HUI

CHAPITRE 14

1. *Les hommes en révolte ont cessé de donner leurs pensées aux dieux du ciel. Et les dieux en sont morts.*

2. *Sur leurs cadavres que le temps a vidé de leurs parfums et de leurs pourritures, les mots se sont élancés, serrés comme des bataillons.*

3. *Et ils ont régné en maîtres sur le paradis de la terre comme les dieux avaient régné sur celui du ciel.*

4. *Les partis des hommes en révolte ont créé un nouveau dieu : l'Etat. Ils veulent le renverser de son trône.*

5. *Pour cela ils rédigent des statuts et des règlements, vendent des « cartes » de toutes couleurs et parlent de « Discipline ».*

6. *Ils ont des chants de raliements qui sont des chants de guerres, des programmes qui sont des prières, des promesses qui sont des cantiques électoraux.*

7. *Car les hommes en révolte pensent que pour renverser l'Etat ils n'ont qu'à prendre sa place.*

CHAPITRE 15

1. *Ils ont des drapeaux...*

2. *Des estrades où ils montent pour parler aux foules qui les applaudissent bruyamment... et qui s'en contentent.*

3. *Et quand ils ont fini de parler, les hommes en révolte sont bien contents aussi...*

4. *Et les hommes de « l'ordre » disent encore : « C'est bien ».*
Ils ont leurs polices, leurs magistrats, leurs soldats, leurs fusils, et ils se sentent sûrs.

5. *Les hommes en révolte disent : « Les conditions économiques... » mais ils ne savent pas que les conditions économiques ont toujours existé.*

6. *Les hommes en révolte disent : « La colère du peuple ». Mais ils ignorent le peuple. Ils ne le connaissent que pour lui faire renverser les empereurs au profit des rois, et les rois au profit des républiques.*

7. *Et les hommes en révolte qui « conseillent » le peuple ne sont jamais loin des Césars, des rois et des républicains en chapeau de soie.*

CHAPITRE 16

1. Les hommes en révolte ont des baptêmes...

2. Hier, le mensonge religieux vous sacrait « chrétien » et vous étiez sauvé du sombre enfer.

3. Aujourd'hui, le mensonge politique des hommes en révolte vous sacre « iste » et vous êtes à l'abri de l'enfer du Capital.

4. Dans les deux cas il n'y a qu'à obéir à la « sainte » discipline qui est l'art d'approuver sans comprendre, et le droit de penser le contraire de ce qu'on a entendu.

5. Quand les hommes malheureux demandent aux hommes en révolte ce qu'il faut faire, ils répondent : « L'Heure est proche ».

6. Et les hommes malheureux qui ont une montre regardent le cadran... jusqu'à la mort.

7. Les hommes en révolte disent : « Descendez dans les rues » et ils mettent des brochures dans les mains des « soldats ». Dans la rue il y a des armes de mort qui tuent, mais les hommes en révolte sont au téléphone.

Paraboles

CHAPITRE 17

1. La Liberté est au sommet d'une haute montagne.

2. Et cette haute montagne n'est pas située à un point de la terre : elle est partout.

3. Et ceux qui ne la voient pas de n'importe quel endroit qu'ils se trouvent, ne la verront jamais.

4. Les hommes croient qu'il existe des milliers de routes qui conduisent au sommet de la montagne où s'élève la Liberté « Vivante ».

5. Ils se trompent. Une seule route existe. Elle est rude et semée d'obstacles redoutables. Tantôt il y fait une chaleur torride, tantôt un froid terrible. Ceux qui s'y engagent doivent avoir les jambes libres et les mains vides.

6. Car ils ont assez de leur poids pour les empêcher d'arriver au but.

7. Au pied de la montagne vivent les foules indifférentes. Elles se contentent de regarder le sommet. Elles vivent indifférentes, mais sournoises : elles arrêtent les efforts de ceux qui veulent aller vers le but.

CHAPITRE 18

1. *La Liberté n'est pas un mot qui se grave sur la pierre, sur le bronze, sur l'étoffe ou sur un papier. La Liberté est « vivante ». Et qui ne la sent pas remuer en lui, ne la connaîtra jamais.*

2. *La Liberté est « en dehors » de tout ce qui affirme ou défend, ou explique, ou justifie « les libertés ».*
Pour devenir libre il ne suffit pas de vouloir. Il faut savoir. Quand on ne sait pas comment on veut être libre, l'esclavage n'est pas loin.

3. *La Liberté ne chante pas : elle analyse, et sa voix est constamment sourde. La Liberté ne hurle pas : elle raisonne et sa raison a plus d'épines que de roses.*

4. *La Liberté ne « s'offre » pas. Elle exige que quiconque la désire se donne à elle.*

5. *Si la Liberté avait un drapeau il serait couleur de Liberté. Mais la Liberté n'est pas un symbole : elle ne peut accepter de couleurs.*

6. *La Liberté est plus haute que le Bonheur : elle est née avant lui ;*

7. *Et le temps, loin de la vieillir, la rajeunit incessamment.*

CHAPITRE 19

1. *La croix que porte l'homme roux dont parle les évangiles, représente la Liberté de « Dieu ».*

2. *L'homme qui « s'en lave les mains » représente la liberté de celui qui se croit fort ;*

3. *La Prison, la Caserne, la Banque, l'Atelier, l'Assommoir représentent la Liberté.*

4. *Les défauts, les vices, les meurtres, les mensonges, les erreurs voulues, l'égoïsme intéressé, l'indifférence représentent la Liberté.*

5. *Les députés, sénateurs, ministres, présidents, les policiers, les magistrats, les gardiens représentent la Liberté.*

6. *L'homme qui parle aux foules, celui qui les conseille, celui qui les conduit représente la Liberté.*

7. *Si toutefois ceux qui les croient, les sollicitent ou rêvent de les remplacer ressemblent à des êtres Libres.*

CHAPITRE 20

1. *Désirer le « bonheur matériel » que les autres possèdent, c'est avouer qu'on est prêt à le payer le prix qu'il coûte.*

2. *« S'unir » pour conquérir ce bonheur, c'est se reconnaître un maître.*

3. *La Liberté sans la vérité, c'est un palais sans fenêtres.*

4. *Se croire libre parce que sa liberté ressemble à celle des autres, c'est vivre ce qui a vécu, et ce qui a vécu n'existe pas.*

5. *Le bonheur d'être libre ne dépend pas tant de la conviction que nous le sommes, mais plutôt de la certitude que nous pouvons l'agrandir indéfiniment sans jamais nous perdre en lui.*

6. *Dire « Je veux mourir pour la Liberté » c'est croire qu'il existe dans la mort ce qui n'est pas dans la vie. La Liberté est « vivante ».*

7. *Les collectivités font perdre à l'homme le goût d'être libre.*

CHAPITRE 21

1. *Le « Progrès » ne s'est pas occupé de la liberté des hommes. Et, non seulement il ne s'en est pas occupé, mais il a tenté de l'étouffer chaque fois qu'elle a voulu se faire entendre.*

2. *La machine qui a délivré les bras des efforts épuisants a écrasé les révoltes individuelles. L'engrenage qui fait le luxe est le même que celui qui broie les consciences.*

3. *Croire au Progrès c'est comprendre les armes, expliquer les guerres, justifier les taudis, « bénir » les injustices de toutes sortes.*

4. *Un progrès dont toutes les conséquences sont meurtrières ne peut être défendu que par ceux qui en bénéficient.*

5. *Un « ordre social » dont toutes les routes retournent à la barbarie ne peut être accepté que par ceux qui sont restés barbares.*

6. *Les collectivités dont toutes les lois conduisent à l'oppression de l'individu, ne peuvent durer que parce que les individus sont oppresseurs.*

7. *« Malheur à qui ne sait pas vivre seul ».*

CREDO

CHAPITRE 22

1. *Ne fais d'apostolat que pour toi-même.*

2. *« Ta » Liberté doit être plus grande que toi. Par dessus ce qui existe elle doit atteindre ce qui existera. « Ta » liberté doit être constamment en suspens dans aujourd'hui si tu veux la retrouver dans demain.*

3. *Ne dis rien de ce qui ne serait pas pour toi. N'écris rien pour les autres. Cherche-toi : les autres se trouveront en te cherchant.*

4. *Si tu as quelques chose à dire sur un fait, cherche en toi l'Idée et ne crois jamais, ni le fait, ni ce que d'autres t'en diront.*

5. *Tu n'as pas besoin de te chercher un maître : regarde-toi.*

6. *Si tu rêves d'esclaves qui t'obéissent : regarde des défauts.*

7. *Ne dis pas « Je crois ». La croyance est faite de « sincérités successives » détruites par des « vérités continues ».*

CHAPITRE 23

1. *Si tu rêves un monde qui soit meilleur que celui où tu vis, c'est que tu vaux mieux que lui.*

2. *Mais si tu rêves sans « Agir » c'est comme si tu vivais sans le savoir.*

3. *Pour « qu'un monde meilleur » soit possible, il ne suffit pas que tu le rêves. Il faut que tu le portes en toi, sinon comment voudrais-tu le construire ?*

4. *Si tu détruis « ce qui existe » pour ce qui « pourrait exister » n'oublie jamais que tu existes toi-même.*

5. *Si l'erreur ne se dérange pas ; va vers elle.*

6. *Ce qui n'est pas en toi ne peut exister ailleurs : si tu crois en Dieu fais des miracles, si tu aimes le Christ porte ta mort dans tes paroles.*

Et si tu crois au Dieu moderne : « Révolution », Pense, Agis, Parle — avec toi-même, — en révolté.
Sinon, tais-toi.
Tu recules le Temps...

Alger, 1923
" UN DE NOUS "

Imprimerie de la " NOUVELLE ALGÉRIE "

« Les chrétiens ont si peu de foi en leur Dieu qu'ils
« n'osent pas jeter les yeux dans un livre de 'réprouvé'
« craignant sans doute que le Diable ne détruise les
« croyances qu'ils chérissent ».

                              Alba Satterthwaite.